T0052139

en español

CIENCIA GRÁFICA

EXPLORAR ECOSISTEMAS

CON MAXAXIOM

SUPERCIENTÍFICO

por Agnieszka Biskup

ilustrado por Tod Smith

Consultor:
Dr. Ronald Browne
Profesor Adjunto de Educación Primaria
Minnesota State University, Mankato

CAPSTONE PRESS
a capstone imprint

Graphic Library is published by Capstone Press,
1710 Roe Crest Drive, Norh Mankato, Minnesota 56003
www.capstonepub.com

Library of Congress Cataloging-in-Publication Data
Biskup, Agnieszka.
[Exploring ecosystems with Max Axiom, super scientist. Spanish]
Explorar ecosistemas con Max Axiom, supercientífico / por Agnieszka Biskup ; ilustrado por
Tod Smith.
p. cm.
Includes bibliographical references and index.
ISBN 978-1-4296-9238-0 (library binding)
ISBN 978-1-4296-9400-1 (paperback)
ISBN 978-1-62065-274-9 (ebook PDF)
1. Ecology—Juvenile literature. I. Smith, Tod, ill. II. Title.
QH541.14.B5718 2013
577—dc23
                                                            2011051342

Summary: In graphic novel format, follows the adventures of Max Axiom as he explains the
    science behind ecosystems.

Art Director and Designer
Bob Lentz and Thomas Emery

Bilingual Book Designer
Eric Manske

Cover Artist
Tod Smith

Colorist
Matt Webb

Editor
Donald Lemke

Translation Services
Strictly Spanish

Photo illustration credit: Corel, 17

Printed in the United States   5936

TABLA DE CONTENIDOS

SECCIÓN 1

COMUNIDADES DE LA TIERRA -- 4

SECCIÓN 2

ENERGÍA PARA EL PLANETA --- 10

SECCIÓN 3

BIOMAS DEL MUNDO -------------- 20

SECCIÓN 4

UN EQUILIBRIO DELICADO ------ 24

Más sobre ecosistemas 28–29
Glosario... 30
Sitios de Internet.. 31
Índice 32

O la tierra, donde las plantas echan sus raíces y los animales hacen sus madrigueras.

Y el agua que bebemos y el aire que respiramos, que son tan importantes para nuestra supervivencia.

Esta comunidad de seres vivos que trabaja e interactúa con su medio ambiente no vivo se llama ecosistema.

Y todos formamos parte de él, Max.

Gracias por la escalada, pero aún tengo mucho terreno que recorrer.

Y muchos más organismos que ver.

Los organismos necesitan energía para vivir. En base a la forma en que obtienen la energía, los seres vivos se pueden dividir en tres grupos.

Estos grupos incluyen productores, consumidores y descomponedores.

La mayoría de los productores son plantas.

Las plantas hacen su propia comida por medio de la luz solar a través de un proceso llamado fotosíntesis.

Si observamos más de cerca podemos ver que las plantas usan la energía del sol para transformar el agua y el dióxido de carbono en un azúcar simple.

DIÓXIDO DE CARBONO

OXÍGENO

ENERGÍA

AGUA

AZÚCARES

El azúcar es una forma de energía almacenada llamada glucosa.

La mayoría de los organismos no pueden usar la luz del sol para obtener la energía directamente de la forma en que lo hacen las plantas.

Los seres vivos que se comen a los productores o a otros organismos para obtener energía se llaman consumidores.

Un saltamontes que mastica una planta es un consumidor.

Y los seres humanos somos consumidores también.

Cuando comemos, nuestro cuerpo absorbe nutrientes que nos dan energía y nos mantienen saludables.

DEFINICIÓN

nutriente – una sustancia que necesita un ser vivo para mantenerse saludable; las plantas obtienen los nutrientes principalmente de la tierra en forma de minerales; los animales obtienen los nutrientes principalmente de los alimentos que comen.

Pero hasta los animales más hambrientos dejan sobras.

Los carroñeros, como los buitres, cangrejos o gaviotas siempre están listos para comerse las sobras. Obtienen energía comiéndose los restos de animales muertos.

Los descomponedores obtienen la energía al descomponer los restos de plantas y animales muertos aún más.

Las bacterias y los hongos son descomponedores.

Ayudan a descomponer la piel y los huesos de los animales muertos para que las plantas y otros seres vivos los puedan reutilizar.

¿LO SABÍAS?

Si no existieran los descomponedores y los carroñeros, el mundo estaría lleno de los restos de plantas y animales muertos. Siendo los recicladores de la naturaleza, los descomponedores son una parte necesaria de un ecosistema.

13

Esta ruta de energía que va de un organismo a otro se llama cadena alimentaria.

Como todos los seres vivos necesitan energía, las cadenas alimentarias se pueden encontrar en todos los lugares de la Tierra.

¡Hasta en el fondo del mar!

ALGA MARINA

Unos animales pequeños, conocidos como zooplancton, comen algas marinas.

ZOOPLANCTON

ARENQUE

Peces más grandes se comen al zooplancton para obtener energía. Pero a muchos de estos peces se los comen otros peces o animales más grandes.

ORCA

Las cadenas alimentarias pueden ser mucho más complejas.

A menudo, se traslapan en un sistema conectado llamado red.

En esta cadena alimentaria, los saltamontes comen plantas, los ratones comen saltamontes y los halcones comen ratones.

Pero los ratones comen otras cosas además de saltamontes y los halcones comen otras cosas además de ratones.

En la mayoría de los ecosistemas, los consumidores comen una gran variedad de alimentos. Sus cadenas alimentarias se conectan para formar una red alimentaria.

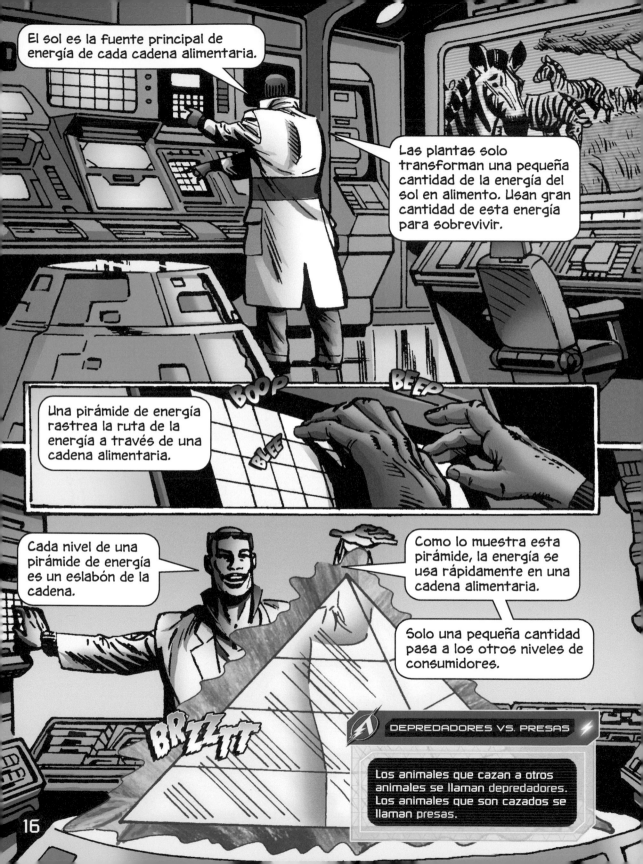

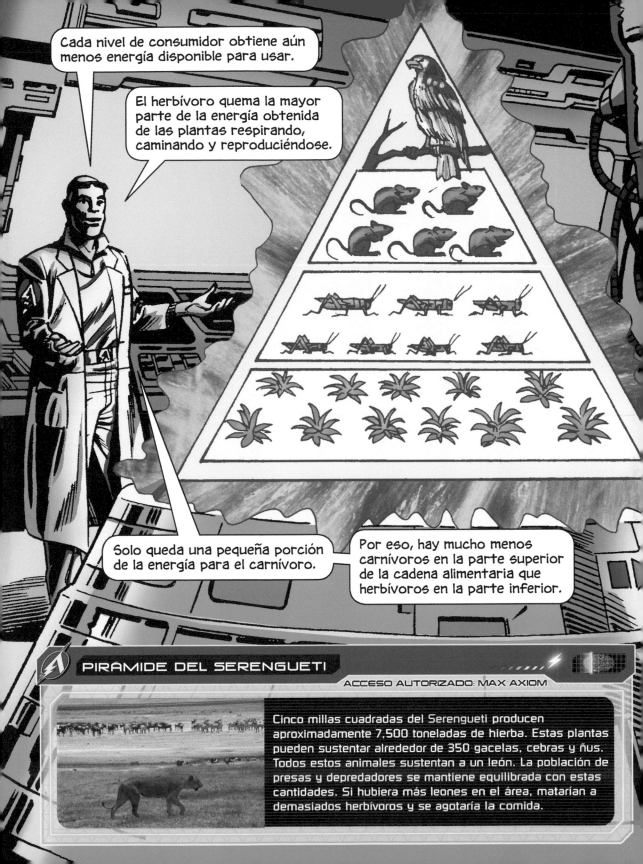

Cada nivel de consumidor obtiene aún menos energía disponible para usar.

El herbívoro quema la mayor parte de la energía obtenida de las plantas respirando, caminando y reproduciéndose.

Solo queda una pequeña porción de la energía para el carnívoro.

Por eso, hay mucho menos carnívoros en la parte superior de la cadena alimentaria que herbívoros en la parte inferior.

PIRÁMIDE DEL SERENGUETI

ACCESO AUTORIZADO: MAX AXIOM

Cinco millas cuadradas del Serengueti producen aproximadamente 7,500 toneladas de hierba. Estas plantas pueden sustentar alrededor de 350 gacelas, cebras y ñus. Todos estos animales sustentan a un león. La población de presas y depredadores se mantiene equilibrada con estas cantidades. Si hubiera más leones en el área, matarían a demasiados herbívoros y se agotaría la comida.

La energía del sol fluye a través de los ecosistemas en una dirección. Otros elementos se reutilizan o se reciclan.

El agua se reutiliza de dos formas.

El vapor de agua del aire se enfría, se transforma en líquido y forma nubes. El aire puede aguantar solo cierta cantidad de agua.

Cuando los océanos, lagos y ríos se calientan con el sol, el agua se transforma en vapor.

Cuando las nubes se vuelven muy pesadas, el agua cae de vuelta a la Tierra en forma de nieve o lluvia.

La mayor parte de esta precipitación cae al océano o corre de la tierra a lagos o arroyos.

Y el ciclo empieza de nuevo.

DEFINICIÓN

precipitación — el agua que cae de las nubes a la superficie de la Tierra; la precipitación puede ser lluvia, granizo, aguanieve o nieve.

Todos los desiertos son muy secos.

DESIERTOS

— Reciben menos de 10 pulgadas de lluvia al año

— Cubren aproximadamente 1/5 de la superficie de la Tierra

— No todos los desiertos son calientes. En Asia, el Desierto Gobi es frío casi todo el año.

Las plantas y animales que viven aquí deben sobrevivir la falta de agua y temperaturas extremas. Muchos, como este ratón, viven debajo de la tierra para escapar del calor.

Los bosques tropicales son calientes, pero también son muy húmedos.

BOSQUES TROPICALES

— Reciben más de 100 pulgadas de lluvia al año

— Proporcionan el 40 por ciento del suministro de oxígeno de la Tierra

— Sustentan más tipos de árboles que cualquier otro bioma de la Tierra

El suministro de alimento anual sustenta a una gran variedad de animales, incluyendo pericos, ranas y toneladas de insectos.

Las praderas tienen una gran variedad de hierbas y plantas con flores. A menudo, los inviernos son fríos y los veranos calientes.

PRADERAS

Se dividen en dos tipos:
— Las sabanas se encuentran en lugares tropicales y contienen árboles dispersos
— Las praderas templadas son más secas y no tienen árboles.

En Estados Unidos, la mayoría de las praderas son ahora tierras de cultivo, pero una vez estuvieron llenas de bisontes y de antílopes.

Los bosques caducifolios tienen árboles que pierden sus hojas en el otoño. Los veranos son templados y los inviernos frescos.

BOSQUES CADUCIFOLIOS

— Cuatro estaciones: otoño, invierno, primavera, verano

— A veces se conocen como bosques templados

— Las hojas de muchos árboles cambian de color y se caen en los meses del otoño

Los animales sobreviven por la abundancia de hojas, semillas, frutos secos e insectos.

En los bosques coníferos, los inviernos son largos y fríos.

BOSQUES CONÍFEROS

— A las áreas del norte se las conoce como bosques boreales o taiga

— Muchos árboles de hoja perenne crecen en estas regiones. Estos tipos de árboles tienen agujas, que a menudo perduran todo el invierno.

Algunos animales hibernan o emigran para sobrevivir. Otros se han adaptado a las severas temperaturas.

En las frías planicies de la tundra, cae poca nieve o lluvia.

TUNDRA

— La capa superior del suelo permanece congelada. A esta capa se la conoce como permahielo.

— En el verano, el ártico recibe casi 24 horas de luz solar. A esta región se la llama la "Tierra del sol de media noche".

Sin precipitación, aquí crecen pocos árboles. Zorros y caribús deambulan por esta solitaria tierra.

El océano es el bioma más grande del mundo, cubriendo el 71 por ciento de la Tierra.

OCÉANOS

— La Tierra tiene cinco océanos: Pacífico, Atlántico, Ártico, Índico y el Mar del Sur.

— Los océanos contienen el 97 por ciento del agua que hay en la Tierra.

— Los océanos contienen aproximadamente el 80 por ciento de la vida en la Tierra.

Debajo de la superficie, plantas, animales y peces viven en este enorme ecosistema.

En cada ecosistema, la relación entre plantas, animales y su medio ambiente es un equilibrio delicado.

Cuando una parte del ecosistema se daña, las otras partes a menudo se afectan.

En Canadá y el norte de Estados Unidos, la población de liebres americanas afecta directamente al número de linces.

Un año hay liebres por todos lados.

Pero pocos linces vagan por el territorio.

Hace mucho tiempo, los pumas y lobos equilibraban la población de venados. Pero los humanos eliminaron a muchos de estos depredadores naturales.

En la actualidad, la cantidad de venados ha aumentado en Estados Unidos. La sobrepoblación lleva a la falta de alimento. Los hambrientos venados ahora se alimentan de plantas y árboles que pueden extinguirse.

Los humanos también cambian la faz de la Tierra talando los bosques, convirtiendo las praderas en tierras de cultivo y edificando en humedales.

Desafortunadamente, estos cambios no siempre son benéficos.

Los ecosistemas pueden ser tan grandes como un océano o tan pequeños como una pecera. Para identificar a los diferentes ecosistemas, a algunos se los llama por su característica principal, como ecosistema de estanque, ecosistema de laguna salada o ecosistema de bosque de secuoyas rojas.

Los ecosistemas son frágiles y las especies invasoras extrañas pueden representar un gran problema. Estas plantas y animales se han introducido en una parte del mundo en la que no pertenecen. La serpiente arbórea marrón era originalmente de Australia e Indonesia. De alguna manera, este furtivo reptil se subió a un avión y viajó hasta la isla de Guam. Con pocos depredadores en Guam, la serpiente arbórea ha acabado prácticamente con las aves nativas del bosque.

Aunque no lo creas, la extinta paloma migratoria fue alguna vez uno de los animales más numerosos sobre la Tierra. A principios del Siglo XIX, se estimaba que la población de la paloma migratoria era de 1 a 5 mil millones de aves. Las enormes bandadas migratorias de hecho oscurecían el cielo al pasar. En gran parte debido a la caza excesiva, las palomas empezaron a disminuir. En la década de 1890, solo quedaban pequeñas bandadas. La última paloma migratoria, llamada Martha, murió en el zoológico de Cincinnati en 1914.

A principios de la década de 1990, los científicos intentaron reproducir los ecosistemas de la Tierra dentro de una edificación de 3.5 acres (1.4 hectáreas) llamada Biosphere 2 (Biósfera 2). Localizada cerca de Tucson, Arizona, la edificación contenía un desierto, un bosque tropical y hasta un océano de 900,000 galones (3,406,860 litros). Algunos científicos creían que construcciones como Biosphere 2 podrían sustentar vida en la Luna o en Marte. Pero después de solo dos decepcionantes misiones dentro, los experimentos terminaron. En la actualidad, pueden ir visitantes a dar recorridos por la edificación para aprender más sobre los frágiles ecosistemas de la Tierra.

El bosque tropical es uno de los biomas más grandes de la Tierra. Tristemente, más de 1.5 acres (.6 hectáreas) de bosque tropical se destruyen cada segundo.

 Las personas deben poner de su parte para proteger el medio ambiente. Varios días festivos del año nos recuerdan esta importante tarea:

Día de la Tierra (22 de abril)—celebra el aire, tierra y agua limpios

Día Mundial del Medio Ambiente (5 de junio)—alienta la conciencia ambiental a nivel mundial

Día del Árbol (varía en cada estado)—promueve la siembra de árboles

---

MÁS SOBRE

SUPERCIENTÍFICO

Nombre real: Maxwell J. Axiom
Ciudad natal: Seattle, Washington
Estatura: 6' 1"   **Peso:** 192 lbs
Ojos: Marrón   **Cabello:** No tiene

Supercapacidades: Superinteligencia; capaz de encogerse al tamaño de un átomo; los anteojos le dan visión de rayos X; la bata de laboratorio le permite viajar a través del tiempo y el espacio.

Origen: Desde su nacimiento, Max Axiom parecía destinado a la grandeza. Su madre, una bióloga marina, le enseñó a su hijo sobre los misterios del mar. Su padre, un físico nuclear y guardabosques voluntario, le enseñó a Max sobre las maravillas de la Tierra y el cielo.

Un día durante una caminata en áreas silvestres, un rayo mega-cargado golpeó a Max con furia cegadora. Cuando se despertó, Max descubrió una nueva energía y se dispuso a aprender todo lo posible sobre la ciencia. Viajó por el planeta y obtuvo grados universitarios en cada aspecto del campo científico. Al volver, estaba listo para compartir su conocimiento y nueva identidad con el mundo. Se había transformado en Max Axiom, supercientífico.

GLOSARIO

aparearse—juntarse para reproducirse

la comunidad—poblaciones de personas, plantas o animales que viven juntos en la misma área y dependen unos de otros

la descendencia—animales que nacen de una pareja de padres

el dióxido de carbono—gas incoloro e inodoro que las personas y animales exhalan

la ecología—el estudio de las relaciones entre plantas y animales en su medio ambiente

el medio ambiente—el mundo natural de tierra, agua y aire

el organismo—planta o animal vivo

la población—un grupo de personas, animales o plantas que vive en un cierto lugar

reciclar—el proceso de convertir algo viejo en algo nuevo

la transpiración—el proceso mediante el cual las plantas emiten humedad a la atmósfera

SITIOS DE INTERNET

FactHound brinda una forma segura y divertida de encontrar sitios de Internet relacionados con este libro. Todos los sitios en FactHound han sido investigados por nuestro personal.

Esto es todo lo que tienes que hacer:

Visita *www.facthound.com*

Ingresa este código: 9781429692380

animales
    carnívoros, 12, 17
    carroñeros, 13
    depredadores, 16, 17, 26, 28
    herbívoros, 12, 17
    omnívoros, 12
    poblaciones, 8–9, 17, 24–25, 26, 28
    presa, 16, 17

biomas, 20–23, 29
    bosques coníferos, 20, 23
    bosques caducifolios, 20, 22
    bosques tropicales, 20, 21, 28, 29
    desiertos, 20, 21, 28
    praderas, 20, 22, 26
    océanos, 18, 23, 28
    tundra, 20, 23
Biosphere 2, 28

cadenas alimentarias, 14–15, 16, 17
    consumidores, 10, 11, 12, 15, 16, 17
    descomponedores, 10, 13
    productores, 10, 11

ciclo del agua, 18–19, 20
    precipitación, 18, 23
    transpiración, 19
    vapor, 18
ciclo del oxígeno, 19
climas, 20
conservación, 27

energía, 6, 10, 11, 12, 13, 14, 16, 17, 18, 29
especies, 8, 28

fotosíntesis, 10, 19

glucosa, 10

medio ambiente, 4, 7, 9, 24, 27, 29

nutrientes, 11

organismos, 5, 6, 7, 8, 10, 11, 14

pirámides de energía, 16–17
plantas, 6, 7, 10, 11, 12, 13, 14, 15, 16, 17, 19, 20, 21, 22, 23, 24, 26, 27, 28

reciclar, 13, 18, 27
redes alimentarias, 15